もりもり
元気の出る
高校案内

5

文教大学付属高等学校

新化・進化する学校

文教大学付属高等学校を知る

式典

入学式

卒業式

授業風景・日常風景

授業風景その1

授業風景その2

授業風景その3

グループ学習

昼食時間

文教大学付属高等学校を知る

外国人教師による英語の授業

英語の海外研修(オーストラリア)

面談風景

ソングリーディング部

野球部

サッカー部

ゴルフ部

文教大学付属高等学校を知る

学校行事

クリーンアップその1

クリーンアップその2

田植え（中1）

稲刈り（中1）

文化祭

体育祭

合唱コンクール

文教大学付属高等学校を知る

かきぞめ大会

カルタ大会

防災訓練

校外学習（中3）

修学旅行（中3）

オリエンテーション合宿
（高1）

はじめに

　みなさんは入学してみたいと思う学校のことをどれだけ知っているでしょうか。学校見学をしてその雰囲気を味わったり、学校説明会の話を聞いて授業やクラブ活動のことを知ったり、あるいはホームページやパンフレットを見て様々な情報を入手したりしていることでしょう。

　しかしながら、それらの情報は画一的なものが多く、他の学校と比べてみても内容にあまり差がありません。また実際に学校生活を過ごした人の体験談は、ほとんどわからないのが現状です。この学校の先輩たちはどのようにして学校生活を過ごしてきたのか、また卒業後はどのような仕事に就いて活躍しているのかなどを知ることで、その学校への興味・関心はますます高まります。

「もりもり元気の出る高校案内」実行委員会は、みなさんが元気になり、これからの学校生活を元気に楽しく過ごすことができるように、学校を卒業した先輩たちに登場してもらい、学校生活のこと、仕事のことなどを語ってもらいました。卒業生の生の声は、きっとあなたの心に響くことと思います。

　本書を読んで学校のことをさらに深く知り、学校を選ぶ際の参考にしてもらえることができれば、実行委員会としてもうれしいかぎりです。みなさんが希望の学校に入学できることを心より願っています。

　　　　「もりもり元気の出る高校案内」実行委員会

目次

口絵
はじめに ……… i

1章 文教大学付属高校のルーツとこれからの教育 ……… 1

文教のルーツを探る ……… 2

2年後、5年後、10年後を見据えた教育
校長 星野喜代美 ……… 6

2章 卒業生にインタビュー ……… 13

【芸術・芸能・スポーツ系】

1　夢を応援してくれる学校
　　荒井成也・菅原梅衣 ……… 14

2　文教で充実した3年間を過ごす！
　　高松リナ ……… 27

3　勉強と部活の両立をめざした高校時代
　　吉永貴昭・木村勇太・和田崇志 ……… 35

【職業系】

4　人生のすべてに文教が関わっています
　　廣江友美 ……… 49

5　文教で養ったガッツで人生を乗り切っています
　　福島海ヱ ……… 57

6 温かさに包まれた高校生活
阿野晃秀 ………… 66

【クラブ活動系】

7 文教の昔と今を思う
杉田知佳子 ………… 75

3章 文教大学付属高校の教育 ……… 85

学習指導と進路指導 ……… 86

1 学習指導 ……… 86

2 進路指導 ……… 90

主要5教科の教育 ……… 95

1 英語 ……… 95

2 数学 ……… 96

3 国語 ……… 98

4 理科 ……… 99

5 社会 ………101

1章

文教大学付属高校の
ルーツとこれからの教育

文教のルーツを探る

文教大学学園の歴史

　文教大学学園の創設は古く、いまから90年近く前の1927年（昭和2年）、馬場行啓と小野光洋の2人の教育者によって「立正裁縫女学校」が設立されたことから始まりました。

　「女学校」という名称から分かるように、もともとは女子教育の推進をめざした教育施設でしたが、1928年（昭和3年）には、「財団法人立正学園」として法人化、校名も「立正女子職業学校」に変更されました。そして、その翌年の1929年（昭和4年）には、再度「立正学園女学校」と校名が変わり、さらに1932年（昭和7年）には、「立正学園高等女学校」を開設。戦前における義務教育後の女性の中等教育を担う役割を負うことになりました。

　戦時中の1945年（昭和20年）には空襲によって校舎が全焼するといった悲運もありましたが、戦後の1947年（昭和22年）、学制改革によって「立正学園中学校」、翌1948年（昭和23年）には「立正学園女子高等学校」を開設。また、同年、さらに「立正学園女子短期大学」が開校され、現在の文教大学学園の原型ができることに

なりました。

　大学の開設は、さらに時を経た1966年（昭和41年）のことです。名称は「立正女子大学」、越谷キャンパスの開設と同時でした。1976年（昭和51年）には、校名を「文教大学」に改称。翌77年（昭和52年）には、男女共学となって現在に至っています。さらに1985年（昭和60年）には湘南キャンパスを開設。現在は、教育学部、人間科学部、文学部、情報学部、国際学部、健康栄養学部、経営学部の７学部に大学院を要する総合大学に成長しています。

文教大学付属高校の歴史

　前記の「文教大学学園の歴史」でも触れましたが、文教大学付属高校のかたちが整ったのは、戦後の学制改革によって1948年（昭和23年）の「立正学園女子高等学校」の設立によってでした。

　1977年（昭和52年）には、大学の名称変更にしたがって、校名を「文教大学付属高等学校」に変更、1998年（平成10年）には男女共学校となりました。

　現在は、校舎の全面改築が進行中です。

新校舎完成予想図

文教大学学園の設置学校・施設

旗の台キャンパス　文教大学付属高等学校
　　　　　　　　　文教大学付属中学校
　　　　　　　　　文教大学付属幼稚園
　　　　　　　　　学校法人事務局本部
越谷キャンパス　　大学院
　　　　　　　　　専攻科
　　　　　　　　　教育学部
　　　　　　　　　人間科学部
　　　　　　　　　文学部
　　　　　　　　　外国人留学生別科
湘南キャンパス　　大学院
　　　　　　　　　情報学部
　　　　　　　　　国際学部
　　　　　　　　　健康栄養学部
　　　　　　　　　経営学部
石川台キャンパス　付属小学校

インタビュー

2年後、5年後、10年後を見据えた教育

校長 星野喜代美先生
都立中高一貫校校長を経て、2012年、本校校長に赴任。

●学校の印象

　私が文教に赴任して2年が過ぎましたが、最初に感じたのは、先生方からも生徒たちからも、とにかく温厚なあたたかみが感じられるということでした。普段の学校生活にしても勉強にしても、それにクラブ活動などの課外活動にしても、生徒たちが自由にのびのびと頑張っている。あまりガツガツしていない、いい意味での「のんびり」感があるように感じましたね。先生方も、そんな生徒たちを愛情をもってサポートしていらして、ほんとうに落ち着いた雰囲気のいい学校だな、と思ったことをおぼえています。

　この最初の印象は、2年経った今でも、そんなに変わりはありません。本校に来ていただければお分かりと思いますが、みんな穏やかでやさしい顔をしていますし、校内にも、ほっと和むような空気があるんですね。校長の私が言うのも変かもしれませんが、その意味でも、高等学校の3年間を落ち着いた気持ちで勉強や課外活動に

励みたいという中学生には、いい学校ではないかと思っています。

●競争力強化プログラム

2010年に始動した「競争力強化プログラム」は、文字どおり、さまざまな分野で文教の競争力を高めることを目的に策定された中長期計画です。すでに昨年までで第1期を終え、現在、第2期の2年目に入っているのですが、具体的には、「学習」「生徒指導」「進路指導」「学校経営」といったいくつかの項目ごとに目標値を定め、その目標達成のために学校全体が邁進していこうという内容になっています。

たとえば「学習」の項目では、生徒全員の基礎学力の向上を図るには、どのような対応を取ればいいかという問題から取り組んで、その解のひとつとして、まず「生徒一人ひとりに1日2時間以上の自宅学習の習慣を身につけさせる」という目標を立てました。そして、それを現実化するための第一歩となっているのが、生徒が自分の1日を反省するために書く「生活記録ノート」です。

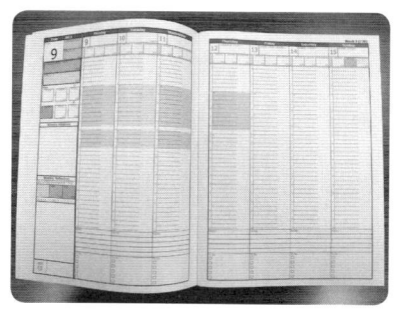

生活記録ノート（高校用）

　これは、1日の自分の生活をタイムテーブル上で見て、各々の時間をどのように過ごしたかを記録に残すというもので、生徒はこれによって、自分がはたして有効な時間の使い方をしているかどうかを知ることができます。1日に2時間の家庭学習を義務化していますから、これをクリアするには、どうやって無駄な時間をなくすかを考えた効率的な生活を送るようになるんですね。実際、これによって家庭で勉強する時間が増え、結果的にそれが模擬試験の成績などにも表れてきています。また、文教ステーション（Bステ）という放課後学習の機会も設けて、生徒の学習意欲に応えるシステムも作っています。

　もともと本校の生徒は、頑張れば伸びる子どもたちなんですね。この1日2時間の自宅学習は2年間かけて達成する目標だったのですが、1年で達成できたことも

あって、次は国際交流というテーマで学習分野の競争力を高めていきたいと思っています。

　具体的には、英語圏で治安のいいマレーシアへの修学旅行に始まって、数週間の短期から３カ月程度の中期、１年以上におよぶ長期の留学を可能にするプログラムの策定、さらには海外の大学への進学希望者のために、TOEFLを本校内で受験できるシステムなどを実現していく計画を立てているところです。

●生活指導等への取り組み

　これも「競争力強化プログラム」の一環なのですが、実際の学校生活を規律あるものにするための指導も、目標値を決めて実施しています。これは、たとえば女子のスカート丈から始まって、授業中は真剣に教壇に向き合うといった授業態度の指導にいたるまで指導の目を向けようというものです。

　それまでは、ややもすれば授業中に居眠りしている生徒もいないわけではなかったのですが、この計画を実行しているうちに、それはほぼなくなったと言ってもいいと思います。このような規律ある生活を送るからこそ、

成績も伸びるし、当然ながら大学進学の実績も向上するものなんですね。このほかにも進学実績などの目標を策定していますが、いずれも着々と効果が上がっていることを実際に確認することができます。

　また、生徒の自主性を尊重して、生徒自身が学校の広報活動を行う「文教コンダクター」という取り組みを実施していることも、本校の特徴のひとつです。これは、生徒の中から有志を募って、学校を紹介するリーフレットなどを制作させるというもので、生徒が外部の広告クリエーターの指導を受けながら、自分たちの学校をPRするというユニークな試み。広報活動の充実も強化プログラムの中に含まれていますから、これもその一環ということができると思います。

●これからの文教

　これらのさまざまな取り組みに加えて、ここ数年にわたって本校が進めていた校舎の全面的なリニューアル工事が、2014年の春に一部完了いたしました。これからの新入生はこの新しく生まれ変わった校舎で学ぶことになるわけですが、中でも特記事項として挙げられるのが、

ICTを活用した授業を行う体制が整ったということです。当然、先生方にもこれを操作するノウハウが必要になりますから、現在、そのための説明会などを開いて研究していただいているところです。

　私自身、こうした取り組みが奏功して、生徒たちが落ち着いて勉強に励む雰囲気が、今まで以上に整ってきたような感じがしています。勉強以外でも、たとえば「多摩川クリーンアップ」というボランティア活動に参加する生徒が増えてきたり、海外への留学希望者の数が増えてくるなど、いろいろな意味でレベルアップしていることが実感として感じられるんですね。現実として模擬試験の成績も全体的に向上していますし、文教ステーションに参加する生徒も多くなっているようです。

　本校を志望する中学生のみなさんに言うことがあるとすれば、普段の生活にしても勉強にしても、ただ自分から進んでやることが向上の近道だということですね。他人から言われてやるようでは、まだダメです。自主的に自分のやるべきことに取り組んで、他人の役に立つ人間になる。そのためには自分自身を高めなければなりませんし、それが、本校の校訓である「人間愛」につながる

と私は思っています。文教は、そんな努力を重ねる生徒を全面的にバックアップする学校ですから、そうした高い志を持ったみなさんの入学を心からお待ちしております。

2章

卒業生にインタビュー

【芸術・芸能・スポーツ系】
卒業生にインタビュー 1

夢を応援してくれる学校

　1学年240人の中で、芸術・スポーツ系の高校でもないのに、ひとつの年の卒業生から2人もプロのクラシック・バレエ・ダンサーが生まれているというのは、全国的に見ても稀なのではないだろうか。その2人のバレエ・ダンサーの方に、どんな高校時代を送っていたかなどのお話をうかがった。

出席者
荒井成也さん　2007年卒。駒沢大学を経て、
　　　　　　　　現在、フリーのバレエ・ダンサー。
菅原梅衣さん　2007年卒。
　　　　　　　　現在、牧阿佐美バレヱ団所属。

> **学校も協力的でした**

荒井 ぼくは中学から文教だったので、自然にそのまま文教の高校に上がるという道を選んだわけだけど、菅原さんは？

菅原 実は私、幼稚園から文教だったんですね。だから、どうして文教に入ったのかは、両親に聞いてみないと分からないな。まあ、自宅が近かったのでここを選んでくれたんだろうけど、でも、私にとって最高の学校で、いまでも親には感謝しているくらい（笑）。荒井くんは小学校のときに自分で文教を選んだんだよね。何か理由があったんですか？

荒井 理由というほどじゃないけど、やっぱり、学校説明会にきたときに、みんなすごく明るくて生き生きしているって印象を受けたことが、ここを受験するきっかけになりましたね。先生方も親切だったし。

菅原 そうだよね。みんな明るいし、先生方もやさしいよね。

荒井 うん、雰囲気の良さということは、文教に初めてきた人でも、すぐに感じることですよね。

【芸術・芸能・スポーツ系】
卒業生にインタビュー 1

菅原梅衣さん

入ったあとも、ぼくらがバレエの現場で頑張るのを温かく見守ってくれる雰囲気があった。

菅原 そう、文教だったからこそバレエがつづけられたというのは事実だと思いますね。私は中学生のときから子役で舞台に上がっていたけど、バレエのお稽古や公演のときには、よく学校を休ませていただいていました。いま思えば、よく許してくれたなって感じだけど、でも、勉強もしっかりやってたから、それで学校は許可してくれてたんですね。

荒井 うん、そうだと思いますね。

菅原 ところで、荒井くんとは一度も同じクラスになったことはなかったけど、初めて会ったときから、私、「あ、この人、バレエやってるな」って分かりました。

荒井 ぼくも菅原さんを見た瞬間、同じことを思った。妙に姿勢が良くて、いかにも「バレエやってます」ってオーラが出てたんですね（笑）。

バレエをやってる人はそんなに多くはないはずなんだけど、同じ学校の同じ学年で本格的にやっている人がいるということは、自分にとっては、やっぱり励みになりましたね。

菅原 友だちも学校も、私たちのことを理解して応援してくれてたし……。

荒井 うん、ぼくは高校の2年くらいから本格的に舞台に出るようになったんだけど、それについても学校は協力的でしたね。それに、いまも、ときどき、ぼくの出演する公演には先生が見にきてくださっています。

菅原 私もそう。さっきも言ったけど、学校が理解してくださっていたからこそ、私たちもプロをめざして頑張れたんですね。

| 勉強もしっかりやってました |

荒井 ところで、勉強の話になるわけだけど、菅原さんは普段はどんな勉強をしていましたか。ぼくは、高校を卒業したら、大学は文教の外に出て、そこで西洋史を勉強したいと思って、それなりに勉強もまじめにやってたんですが。

【芸術・芸能・スポーツ系】
卒業生にインタビュー 1

荒井成也さん

菅原 どうして西洋史を？

荒井 ぼくの場合は、もう中学生のころには、ばくぜんと将来はバレエ・ダンサーになろうと決めていたんですね。でも、バレエの舞台になっているのはたいていヨーロッパだから、そこの歴史や文化についての知識をしっかり身につけておかなければ、きちんと役づくりができない、そう考えて、西洋史が学べるように進学先を決めました。実際、文学部の卒論は、イギリス・ルネサンス期のエリザベス王朝時代がテーマでしたから。

菅原 すごい！　勉強が好きだったんですねえ。

荒井 いや、勉強が好きだったというのはウソに近いかな（笑）。高校時代はやっぱりバレエが先にあって、そのための学校の勉強という感じでしたね。そんなわけだから、こんな学校を紹介する本に、卒業生代表の1人として呼んでいただくのは気が引けるのですが（笑）。

菅原 でも、プロをめざす以上、バレエ優先とい

うのは、ある程度は許されることじゃないかな。でも、文教は、学外の活動に寛容ではあっても、授業はきちんと受けないとダメでしたね。高校によっては、プロのスポーツ選手をめざす生徒は授業はいいかげんでもいいところもあると聞きましたが、私たちのときは、そんなことはなかったよね。

荒井 そう、赤点を取ると、強制的に補習を受けさせられたし。

菅原 荒井くんも補習を受けたこと、あるの？

荒井 いえ、1回もありません（笑）。やっぱり補習はイヤじゃないですか。だから、受験に関係ない科目でも、赤点だけは取らないように勉強してました。菅原さんは補習を受けたことあるの？

菅原 ありませんよ（笑）。普段はバレエのレッスンがあるので、どうしても予習程度の最低限の勉強しかできないけれど、テストの前になると、本気モードを出して頑張りましたね。

荒井 うん、ぼくも普段は必要な分だけ予習復習をして、テスト前は風呂の中で必死に暗記したり……でも、その場かぎりの暗記じゃなくて、その

【芸術・芸能・スポーツ系】
卒業生にインタビュー 1

積み重ねが、結局は大学受験につながったと思っています。

> **先生や友だちにも恵まれて**

荒井 そんな高校時代だったから、学校で部活に入らなかったことは、ちょっと残念に思っていることのひとつですね。バレエのレッスンに時間を取られるわけだから、ぼくにとっては、学外のバレエが「クラブ活動」みたいなものではあったんだけど。

菅原 そう、私も勉強以外のことで文教の友だちと切磋琢磨する、なんてことはなかったな。ほかの人だったら、たとえばクラブ活動で対外試合に勝てるように力を合わせて頑張るとかあるんだろうけど……。

荒井 たしかにそうだね。でも、友だちとは仲は良かったよね。学校にいるあいだは、とにかく楽しかったことをおぼえてる。何が楽しかったのかと言われるとよく思い出せないけど、休み時間でも授業中でも、ちょっとしたことが楽しかった。だから、高校時代はどうでしたか……と聞かれると、いまも「楽しかったです」という言葉が真っ

先に出てきますね。

菅原 私もまったく同じで、ただ楽しかったという思い出しかありませんね。もちろん、いやな思いをしたこともあるんだろうけど、それが霞(かす)んでしまうくらい、楽しくて毎日が充実していたと思います。

お母さん手作りのバレエ用ティアラ

荒井 先生もいい方ばかりだったよね。

菅原 そうそう。私たちに対して愛情が感じられましたよね。

荒井 愛情ですか？（笑）

菅原 そう、愛情。怒るときは怒るけど、やさしくて、決して私たちを見捨てないということは、学校にいるといつも感じてました。

荒井 そうだね。怒られることはあったけど、頭ごなしに怒鳴(どな)られるとか、人格を否定されるというような怒られ方じゃなかったね。

菅原 怒られるときにも愛情が感じられたというか、そんな感じでした。私たちの自主性を尊重し

【芸術・芸能・スポーツ系】
卒業生にインタビュー 1

てくれて、普段は私たちの自由に任せてくれてるんだけど、だけど高校生としての範囲を超えた「わがまま」には、本気を出して叱ってくださってたような気がします。

荒井 そう、文教生としての枠を超えないかぎりで、自分の好きなことに取り組みなさい……そんな感じだったのかな。

菅原 そうですね。だから私たちがバレエのために学校を休んだり早退したりしても、勉強をしっかりやっているのなら許可するってことだったんじゃないでしょうか。母には「学業が第一」と言われてたけど、バレエと学校のどちらを優先するかと言われたら、私としては、やっぱりバレエを選ぶしかなかったと思います。でも、学校からも友だちからも、それで白い目で見られるなんてことは一度もありませんでした。それどころか、私が授業を欠席したときには、友だちがノートをしっかり取ってくれていて、あとで見せてくれるなんてことはしょっちゅうでしたから。

荒井 学校によっては、学外活動は一切禁止で、欠席も早退も許さないなんてところもあるんだけ

どね。

菅原 そう、それでバレエのほうをあきらめた、なんて子もいましたからね。そ

菅原さん愛用のバレエシューズ

れに、卒業するときのことですが、私はある大学に進学することが決まっていたんですね。ところが、プロのバレエ団のオーディションを受けたら、そっちにも合格して、結局、大学のほうは辞退することになったんです。推薦文（すいせんぶん）まで書いてくださったのに、先生は私のことを応援してくださって……今も、それにはほんとうに感謝しています。

荒井 まさに文教あっての今の私なんですね（笑）。

後輩のみなさんへ

荒井 文教は、自分が毎日を何かに一生けんめいやってたら、ぜったいにダメだとは言わないですよね。生徒一人ひとりの状況とか都合とかを理解して、できるかぎりのことをしてくれる、そんな学校だったと思います。

菅原 さっきも話に出たけど、一定の枠の中で自由に羽ばたかせてくれて、そこで得られた経験を

【芸術・芸能・スポーツ系】
卒業生にインタビュー 1

生かして、いつか枠の外に出たときにもっと大きく羽ばたきなさいって感じだったのかな。

荒井 まさにそうだと思います。どの先生も生徒のことをよく理解してくれていて、温かく見守ってくださっている。そして、何か壁にぶつかったときには助けてくださるんですね。その分、生徒のほうも先生の心配りに応えられるような学校生活を送らなければいけないと思っています。

菅原 文教の先生は、一人ひとりをほんとうにちゃんと見てくださってるんですね。そして、決して見捨てるなんてことはしない。いつも温かく私たちをみまもってくださっている。だから、後輩のみなさんも安心して高校生活を送ってほしいと思います。先生のおっしゃることをよく聞いて、自分の夢を追いかけてください、そう言いたいですね。先生は必ずその夢を応援して、助けてくださるはずですから。

荒井 ぼくらはバレエだったけど、後輩のみなさんも、勉強でも部活でもなんでもいい

から、高校時代に何かひとつ「やりきって」ほしいですね。高校時代というのは、人生の中でも、まさに冒険できる年代なんですね。コケることもあるだろうけど、それを恐れたら何もできません。高校時代にコケたことなんて、失敗のうちには入らない。コケたらコケたときに、じゃあどうすればいいんだ、と改めて考えればいい。若いから、いくらでも修正が効くんです。

菅原 たとえコケたとしても、好きなことをやっていれば楽しいし、充実感もあると思う。やらないで後悔するくらいなら、失敗してもやったほうがいい。せっかくの3年間なんだから、楽しく充実した生活を送ってほしいですね。

荒井 今になって思えば、ぼくも文教でほんとうによかったと思いますね。先生も仲間も温かいし……。

菅原 なんかホッとする雰囲気があるんだよね。そんな学校だったから、こうして懐かしく思い出すこともできるし、先生方の期待に応えようと仕事にも頑張ることができると思います。きょうは久しぶりに学校に来て、ほんとに楽しかった。荒

【芸術・芸能・スポーツ系】
卒業生にインタビュー 1

井くんにも再会できたし……（笑）。

荒井　そう、2人ともバレエをやってるのに、なぜか同じ舞台に立ったことがないんだよね。いつの日か菅原さんと共演できることを楽しみにしています（笑）。

菅原　それもいいけど、いつか文教で、私たちが顧問になってクラシック・バレエ部をつくらない？　きっといいクラブになると思うよ。

荒井　あ、いいね。やろうよ、それ（笑）。

【芸術・芸能・スポーツ系】
卒業生にインタビュー 2

文教で
充実した３年間を
過ごす！

高松リナさん
2011年卒。
大妻女子大学に在学しながら、モデルとして活躍中。

【芸術・芸能・スポーツ系】
卒業生にインタビュー 2

友だちにも恵まれた3年間でした

　私が文教大学付属高校に入学した理由は単純で、中3のとき、高校はどこにしようか迷いながらあちこちの高校を見学してまわったことがきっかけでした。たまたま文教にきてみたら、雰囲気がすごくいいんですね。なんか自分にしっくりくるというか、先生も生徒も親切な感じで、アットホームな空気を感じたことをおぼえています。それで、一緒に見にきた母に、
「私、ここにする」と言ったら、母も気に入ってたみたいで、
「いいじゃん」とひと言（笑）。それだけの理由で、高校3年間の人生でいちばん多感な時期を文教で過ごさせていただくことになったのでした。

　実際、入学してみて、この最初に受けた印象は変わりませんでした。ほんとうのことを言えば、私たちのときは、内部の文教中学から進学した子が全体の3分の2、残りの3分の1が私たち外部から入った生徒という構成でしたから、入学してすぐは不安がないわけではなかったかもしれません。でも、先生からも内部生からも、差別された

りすることなど全然なくて、すぐみんなの輪の中に入っていけました。

　もともと私はマイペース人間なのですが、クラスメートはそんな私にぴったりな子ばかり。男子も女子もさっぱりした性格の子が多くて、陰湿なところがないんですね。私も、みんなとすごく合っていると思いながら毎日を過ごしていました。

ダンス部で汗を流す

　入ったクラブはダンス部でした。中学生のときはバレー部で、それをつづけようかとも思ったけれど、思い切って別のことに挑戦してみるのも悪くないと考えたんです。

　と言っても、実は私はかなりの恥ずかしがりやで、中学までは、なるべく目立ちたくないと思いながら毎日を過ごすような子だったんですね。それが、ダンス部に入ったらみんなの前で踊ることになる……なんか気後れしそうだったけれど、高校に入ったのだから、これまでとはちがう自分にチャレンジしたい、そんな思いがあったのかもしれません。

　結果的には、この思い切りは、私にとってとて

【芸術・芸能・スポーツ系】
卒業生にインタビュー 2

もいい選択でしたね。というのも、いま大学に通いながらモデルという仕事もさせていただいているのですが、この仕事は引っ込み思案ではできません。その意味でも、ダンス部に入ったことは私にとって大きなターニングポイントだったと思っています。

　そのダンス部で過ごした日々は、ほんとうに楽しくて、いまも懐かしく思い返すことばかりです。普段は基礎練が中心なんですが、文化祭など発表の機会が近くなると、リーダー格の部員が振付を考えたり、DVD や You Tube などを見て研究したりして好きな演目を踊ることになります。練習はきついけど、でも、無事にやり遂げたときの達成感は、何ものにも代えられないくらいです。

　それに、顧問の石井瑠璃子先生はもちろん、私たち部員の親からも全面的に協力をいただいて、差し入れを食べながら練習したり、あとで反省会ができるよう VTR を撮ってもらったり……そん

な練習を繰り返して本番に向かうのですが、終了したあとはまさにみんなで号泣(笑)。レストランでの打ち上げでしゃぶしゃぶをおいしくいただいたことも、忘れられない思い出です。

　卒業したあともときどきダンス部の練習に顔を出すことがあるのですが、そんなときは後輩のみんなも慕い寄ってくれます。ほんとにかわいくて、これからも母校のダンス部を応援していきたいと本気で思っています。

先生方もユニークで面倒見がいい

　そんなわけですから、勉強は普段の授業をしっかり受けて、テストの前になると集中して頑張る——そんなことの繰り返しでした。私の性格から言って、あまりシャカリキになって受験勉強するというのは性に合わないんですね。それで、初めから大学には推薦で進学しようと決めていて、評定平均をしっかり確保することを勉強の大きな目的にしていました。文教には指定校推薦の枠がいっぱいありますから、私みたいな生徒には、そのことも安心して勉強をつづけていくことのできる理由のひとつなんですね。

【芸術・芸能・スポーツ系】
卒業生にインタビュー 2

　そんな受験対策を取っていたのですが、中でもお世話になったのが、３年生のときの担任だった鈴木茂先生。鈴木先生は、まあテキトーな人で……いえ、決して悪い意味じゃなくて（笑）、なんでも楽しけりゃいいだろう、みたいなノリの先生なんですね。私たちもいろんなことを先生に相談できましたから、受験のことにもほんとうに的確なアドバイスをしてくださったものでした。

　たとえば、初めのうちは私も共学の大学に行こうと思っていたのが、
「おまえには女子大もありだな」とおっしゃったのも、鈴木先生です。私は幼稚園からずっと共学でしたから、女子大というところに不安があったんですね。でも先生は、
「大丈夫。おまえなら誰とでも仲良くなれる」
——結果的に、先生の目は正しかったですね。仕事をつづけながら大学に通うのは、大変なところもあるけど、いまの大学では、友だちも温かく応援してくれていますし、ここで良かったとほんとに思っています。

きびしさの中にやさしさのある学校でした

　高校時代の思い出は短い時間では、とても語りつくせないくらいです。

　たとえば、修学旅行で長崎に行ったときなど、夜中まで騒いでみんなで廊下に正座させられたこととか……（笑）、スカートの丈でうるさく注意されたこととか、それこそ思い出は盛りだくさん。でも、そんなきびしさもあったけれど、それで先生をキライになるなんてことはありませんでした。きびしいけれど、その中に生徒のことを思いやるやさしさがあるんですね。文教には、そんな先生方が多かった気がします。きびしくも自由に伸び伸びと教育してくださったという感じでしたね。

　そんな校風の中で過ごした3年間、もちろん、いやだと思うこともあるし、逃げたいと思うこともありました。でも、それに目を背けず、正面からぶつかっていくことが、結局は自分の成長につながる

【芸術・芸能・スポーツ系】
卒業生にインタビュー 2

と思っています。

　私はいま、芸能界というある意味、特殊な世界で仕事をさせていただいていますが、その中でも、たとえば高校時代に部活で頑張っていた子というのは、私でも分かるんです。この子、根性あるな……と思える子は、やっぱり、部活で鍛(きた)えられていたということが多いですよね。

　そんな私のささやかな経験から言えることは、後輩のみなさんも、最初からできないなんて言わないで、勉強でも部活でも、あるいはそれ以外のことでも、とにかく頑張ってください、ということです。それで苦しむこともあるだろうけど、それが自分の将来につながるし、いつかは役に立つときがやってくる……そんなことを心のどこかに置きながら、楽しい3年間を送ってほしいと思っています。

【芸術・芸能・スポーツ系】
卒業生にインタビュー 3

勉強と部活の両立を
めざした高校時代

　文教が共学校になって約15年、いまや男子のクラブ活動も大きな盛り上がりを見せているが、サッカー部もまた、共学化と同時に誕生した男子運動部のひとつ。ここでは、草創期のサッカー部を支え、現在は学校の先生として活躍する3人の卒業生に集まってもらって、当時の苦労話などについて語っていただいた。

出席者

吉永貴昭さん　2000年卒。駒沢大学を経て、
　　　　　　　　現在、私立緑ヶ丘女子中学校・高等学校教諭。

木村勇太さん　2003年卒。日本体育大学を経て、
　　　　　　　　現在、私立国本小学校教諭。

和田崇志さん　2005年卒。文教大学を経て、
　　　　　　　　現在、江東区立小学校教諭。

【芸術・芸能・スポーツ系】
卒業生にインタビュー 3

> **サッカー部
> 創設のころ**

和田 吉永さんがサッカー部の部員第一号と聞いているんですが、その当時はどんな感じでしたか。ぼくが入部したときは、サッカー部ももう人数がそろって対外試合にもなんとか出てたけれど、最初のうちは大変だったみたいですね。

吉永 大変なんてもんじゃなかったね。共学になったその年に入学したんだけど、部とはいっても、実は部員はぼく1人で、ぼくが部長（笑）。でも、逆に、自分の手で文教のサッカー部をゼロから盛り上げていこうという気持ちも強かったよね。ただ、さすがに1人とは予想もできなくて……あたり前だけど、試合はできないし、それこそ基礎練ばかりの毎日でした。

和田 じゃ、試合は一度もしないで3年間……？

吉永 いや、3年生になってなんとか人数もかき集めてそろってきたんで、インターハイ予選に出場したのが初めての対外試合だったかな。都立高校が相手で2対3で惜敗したんだけど、デビュー戦としては、上々だったのかもしれないといまで

も思ってる。次の選手権予選も別の都立に１対２で負けて、ぼくの高校時代のサッカーはそれで終わったという感じでした。

木村 初勝利は、吉永さんが卒業した直後、ぼくが１

吉永貴昭さん

年生として入部してからのことでしたね。夏の選手権予選で、都立蒲田高校を相手に１対０で勝ったんです。

和田 やっぱり、うれしかった？

木村 それが意外にどうってことなくて……（笑）、ああ、勝ったんだな、くらいの感想しかもたなかったかな。

吉永 じゃあ、ぼくのほうが喜んでたかもしれないね。あのとき、ぼくもスタンドで応援していたんだけど、ほんとうにうれしかった。それと同時に、ぼくらが経験できなかったことを後輩の連中がやったということで、大げさにいえば、嫉妬に近いくらい、うらやましいと思ったことをおぼえてる。なにしろ、ぼくが二度と経験できないこと

【芸術・芸能・スポーツ系】
卒業生にインタビュー 3

木村勇太さん

をやり遂げたわけだから、こいつら、スゴイな……と。

木村 いえいえ、それもこれも、みんな吉永さんたちのご苦労あってのたまものですよ。後輩として、先輩方には心から感謝しています（笑）。

和田 そんな経緯(けいい)があったんですか。はずかしいことに、ぼくにとっては初めてお聞きすることばかりで、すごく参考になりました。文教のサッカー部にも、短いとはいえ「歴史」と呼べるものがあるんだなと、改めて感じています。ぼくらのときも、部員が充分にいたわけではありませんから、部活の悩みの半分以上は、公式戦に出場するための人数集めでした。でも、先輩方のご苦労に比べれば、まだマシだったかもしれないですね。いや、ほんとにいい話を聞かせていただきました。

> **そのころの
> サッカー部
> の雰囲気**

和田 ところで、吉永さんの2年目には部員は増えたんですか。

吉永 増えたといっても、いまみたいに15人とか20人とかいうレベルにはとてもなれなかったよね。ほんの数人が入ってくれて、ぼくも、これでなんとか先輩風を吹かせられるかな、とは思ったけど、でも、それくらいじゃ、先輩も後輩もないも同然。だから、キャプテンとして、ただ後輩とコミュニケーションをとることだけを考えていました。

木村 じゃあ、先輩後輩の上下関係もあまりなかった……？

吉永 そうだね、いまに比べれば、ずいぶんフラットな関係だったと思う。僕自身、後輩には「みんな平等なんだから、言葉づかいにもそんなに気を使わなくていい」なんて言ってたし……とにかく少人数のクラブだったから、ひとつにまとまっているという感じは強かったかな。変に先輩として見られることはなかったけど、でも、それが楽しかったことも事実だね。

木村 ぼくらのころには、もう先輩に対してはき

【芸術・芸能・スポーツ系】
卒業生にインタビュー 3

ちんと敬語で話したりしていましたから、吉永さんのお話の時代は、草創期ならではの牧歌的な時代ではあったんですね。

和田　練習はどうやってたんですか。さっき、基礎練ばかりだったとおっしゃってましたが。

吉永　いや、けっこう厳しかったよ。そのうち部員が集まったら、絶対に全国大会に出てやるって思ってたくらいだから。いや、冗談じゃなくて、本気でそう思ってた。

木村　ぼくらのころも厳しかったですね。いまは部活は夕方6時までだけど、前は7時までやってたし……。

和田　具体的には、どんな練習をしていたんですか。

和田崇志さん

吉永　まず3キロ程度の走りからはじまって、ダッシュを10本くらい繰り返して、少ない部員を3人とか4人ずつに分けてミニゲームをやったりとか。

木村 顧問は、いまと同じ神戸先生でしたね。神戸先生は、ぼくの1年のときの担任だったんだけど、教室の中ではすごくやさしい先生なんですね。ところが、部活になるととたんに豹変して、厳しくなるんです。

和田 ああ、分かります分かります。ぼくらのときもそうでしたから（笑）。

吉永 まあ、甘やかされないというのも強くなるには必要なことだからね。

和田 そうですね。神戸先生の厳しさというのも、文教サッカー部のひとつの伝統ですよね（笑）。

普段の
学校生活
は？

吉永 ぼくは男子一期生だけれど、女子校から共学に変わったばかりだったから、全校的に1年目はさすがに男子はあまり集まらなかったな。

木村 男子は何人くらいだったんですか。

吉永 全体の約1割（笑）。だから、女子に押されて、みんな小さく縮こまっていた感じだったよね。休み時間には男子だけどこかの部屋に集まったり、昼休みはベランダに出て、ひっそりと弁当

【芸術・芸能・スポーツ系】
卒業生にインタビュー　3

を食べたりしていた思い出が残っています。

和田　イヤなこととかありました？

吉永　それはなかったけど、合唱祭で、男子はみんな声が低くて、なかなか女子に合わせられなかったのには苦労したよね。ぼくはとくに声が低いから、それだけはイヤな思い出になるのかな。でも、そんなことがあったおかげで、男子どうし結束が強くて、いまでも付き合いがあるのは、かえって良かったかもしれないね。

和田　ぼくらのときはもう男女半々だったから、そんな苦労はなかったですね。それに、男子も女子も全体的に和気あいあいとしていて、なんとなく居心地がいいんですよね。ぼくなんか、部活でキツイ思いをしていたから、教室にいるあいだは、逆に癒されてる気がしていました（笑）。

吉永　いや、ぼくらのころも、学校の雰囲気は良かったよ。先生も生徒のことはよく見ていてくださっていて、なんか安心感があったよね。

木村　そうですね。たとえば、ぼくらの代にずっと学年主任だった数学の山本正先生には、いつもおこられていましたから、コワイ先生というイ

メージがあったんです。ところが、卒業式のあとの謝恩会のとき、先生がぼくに手を差し出して握手してくださったんですね。そうしたら、その手の温もりにジーンとしてしまって、不覚にも涙が出そうになったことをおぼえています。

吉永 鬼の目に涙か（笑）。でも、やっぱり、先生がぼくらのことをずっと見てくださっていたことが、そんなことをきっかけに分かるものなんだよね。

勉強と部活の両立

和田 ところで、お二人とも外部受験されていますが、受験勉強はどうしてたんですか？

木村 そう言うきみはどうしてたの？

和田 ぼくの場合は、もともと教育学部のある大学の付属高校ということで文教に入りましたから、サッカー部で頑張るのと同時に、文教大学に推薦(すいせん)で入学できるよう真剣に勉強してましたね。

木村 学校の先生になりたくて？

和田 そうです。高校に入学したときから、教育学部で小学校の先生の資格を取るというのが目標

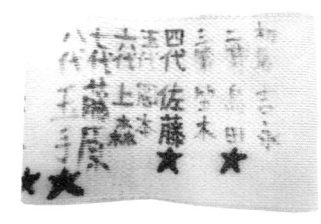

【芸術・芸能・スポーツ系】
卒業生にインタビュー 3

サッカー部歴代主将の腕章

でしたから。

吉永 ぼくは普段はあまり勉強しなかったけど、テスト前には集中してやってましたね。ほかの人のことは知らないけど、たぶん、受験勉強としてはいちばんオーソドックスなやり方だったんじゃないかな。英語は学校の授業以外に自分で課題を見つけてやってたし、国語は授業中心、日本史はひたすら参考書を暗記するという、私立文系をめざす受験生のお手本みたいな勉強だったと思う（笑）。

木村 やっぱり先生になりたいと思ってたんですか？

吉永 うん、どうしても社会科の先生になりたくて、それで社会科学系の学部に入って、そこで社会科の教員免許を取りたかったんだね。木村君は？

木村 ぼくは普段からあまり勉強してなくて、英語にはずいぶん苦労しましたね。体育大学に進んで体育の先生になろうと思ったのは高1くらいか

らだけど、3年生からは体育大学専門の予備校にも通っていました。ただ、やはり英語がネックになって、浪人するハメになってしまったんですが。

和田 でも、英語は挽回(ばんかい)するのがむずかしいでしょう。

木村 そうだね。その予備校では、学科の成績順にクラス編成されてたんだけど、英語が苦手だったから、最初は5クラス中、下から2番目のクラスでしたね。

吉永 そこからどうやって伸ばしたの？

木村 根性です（笑）……というのは半分冗談だけど、でも、ただ頑張ったことは事実ですね。おかげでその予備校でも、最後のころにはいちばん上のクラスに入っていましたから。

吉永 ほう、それはスゴイ。

木村 だからといって言うわけじゃないけど、それだけ頑張れたのは、やっぱり、サッカー部で鍛(きた)えられていたからじゃないかな。サッカーで死ぬほど練習していたからこそ、味気ない受験勉強にも向かっていけたと本気で思っています。

和田 そうですね。ぼくは普段の授業を聞いて学

【芸術・芸能・スポーツ系】
卒業生にインタビュー 3

校の成績をキープするくらいのことしかしなかったけど、それくらいのことでも、サッカーで頑張ってたからやれたんだと思います。だから、部活してると勉強できないというのは、一種の甘えじゃないかとさえ思っているくらいです。

後輩に望むこと

和田 先輩方は卒業されてもう長いですけれども、これから後輩に望むことがあるとしたら、どんなことですか。

吉永 まあ、あんまり偉そうなことは言えないけれど（笑）、まずは授業は真剣に受けろ、ということですね。文教は熱心な先生方が多くて、いつも真剣に授業してくださるんです。それに対して生徒が真剣に応えるのは、最低限の礼儀。こんなことは、自分が教師になるまで分からなかったけど、それが生徒の側がいち

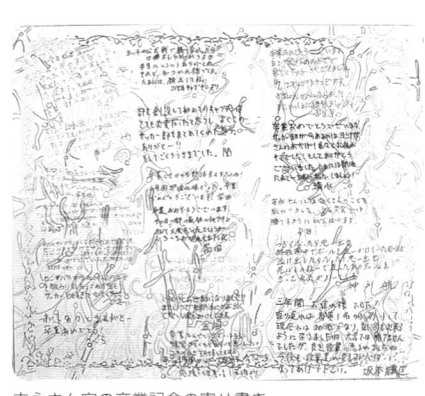

吉永さん宛の卒業記念の寄せ書き

ばんに身につけるべき心構えなんですね。

木村 そうだね。授業を真剣に受けて、そして、できれば部活でもなんでもいいから、ほかにもう一つ打ち込めるものを見つけてほしいと思う。よく二兎を追う者は……なんて言うけれど、勉強と部活の両方を追い求めることが、結局は自分にとってプラスになるんですね。どちらか１つじゃ、ぼく自身は、なんとなく物足りない気がしています。

和田 ぼくの場合は、文教に入学したときから、内部進学に必要な成績を収めることとサッカーの２つの頑張れるものを見つけたけど、どうしても１つしか選べないという人もいると思うんですね。たとえば、通学時間が長くて部活に時間が割けないなんていう生徒も少なくないわけだろうから、そんな人には、何か１つでもいいから、「高校時代に自分はこれをやった！」と言い切れるものをつくりなさい、とアドバイスしたいですね。もちろん、それが難関大学をめざして受験勉強することでもいいし、ほかのことでもいいし……まあ、二兎を追い求めろという木村先輩のお言葉に反す

【芸術・芸能・スポーツ系】
卒業生にインタビュー 3

るようで恐縮なんですが（笑）。

木村　いやいや、おれもほんとは勉強のほうは後回しで、それで浪人することになったわけだから、きみの意見もまちがっていないと思うよ（笑）。

吉永　どちらが正しいというのでなく、結局は、自分しだいということかもしれないね。二兎を追いかけてもちゃんと難関大学に合格するやつだっているわけだし、要は、自分をしっかり持って3年間を過ごしてほしい……平凡だけど、そんな結論になるのかな。

木村　ほんと、ぼくもそう思います。

【職業系】
卒業生にインタビュー 4

人生のすべてに文教が関わっています

廣江友美さん
1991年卒。清泉女子大学を経て、文教の英語教諭となる。その後、1年間のイギリス滞在を経て、現在、コッツウォルズ・ウィンド・アカデミー（株）勤務。

【職業系】
卒業生にインタビュー 4

> 中高生と
> イギリスを
> 結びつける
> 仕事

　現在の私の肩書は、「留学コーディネーター」。具体的には、中高生を対象に、数週間から１年以上におよぶイギリスへの留学をアレンジする、という仕事です。最初にご相談を受けたあと、その生徒に合った留学先を探し、出発からイギリス滞在、そして帰国までをセッティングさせていただいているわけですが、私がお世話した生徒たちが、実際に海外に出て視野を広げて帰ってくるのを見ると、ほんとうにうれしくて、やりがいのある仕事だと思っています。

　私がこの仕事を始めたきっかけも、もともとは文教にあったんですね。私が母校である文教大学付属の教師をしていたとき、語学研修で生徒を引率して行ったイギリスの魅力に、私のほうが生徒以上に取り憑かれてしまったんです（笑）。それで、思い切ってイギリスで生活してみることになったのですが、１年後、文教大学付属の生徒がまた研修に来たので私も彼らに会いに行ったら、研修をコーディネートしていた会社の人から、「一緒にやりませんか」とお誘いを受けたという

わけでした。

　そんなことも含めて、私の人生は、そのすべての場面で母校の文教大学付属が関わっているといっても言い過ぎではありません。いまの仕事に就いたこともそうですし、これからお話ししますが、英語に興味を持って大学に行って本気で勉強しようと決めたこともそう。まさに文教あっての私と言えるのかもしれませんね。

居心地のいい学校でした

　私が文教大学付属に入学しようと思ったのは、塾の先生に勧められて、初めて学校見学に来たときでした。当時はまだ女子校だったんですが、先輩の生徒のみなさんが、ほんとうに楽しそうだったんですね。ひと目で気に入って、ぜひここに入学しようと決心したことをおぼえています。入学試験のときも、お世話係をしていらした先輩が、緊張している私たちにやさしく声をかけてくださったりして、

【職業系】
卒業生にインタビュー 4

入ってからも安心して過ごせることが実感として分かりました。

　実際、その最初のイメージは、入学してからもちっとも変わることはありませんでしたね。学校にいると、なんとなく「守られている」って感じがするんです。見方によっては、ヌルイとか、もう少し突き放したところがあってもいいんじゃないかと思うところがあるのかもしれないけれど、私にとっては、実に居心地がいい（笑）。だから楽しくて、自分も伸び伸びと高校生活が送れたと思っています。

　もちろん、友だちもいっぱいできました。いまでも7人ほどの同級生と親しいお付き合いがあるんですが、性格も得意科目も部活もちがうのに、なぜか仲がよくて、テスト前などには、よく勉強を教え合ったりしていましたね。卒業してもう20年以上経ちますが、たまに集まると、いつかみんなで一緒に旅行でもしようか、な

んて話もしているくらいです。

人生を決めた語学研修

　私が英語を生涯の仕事にしようと決めたのは、2年生のときの夏休みの語学研修で、アメリカのシアトルで3週間のホームステイを経験したことからでした。それまでも、なんとなく英語が好きでそれなりに努力はしていたのですが、それほど必死に勉強するというほどではなかったんですね。それが、これまで習った英語を現地で実際に使ってみると、まったく異文化で生きてきた人ともちゃんと意思疎通ができる——もちろん、高2程度の英語ですから限界はありましたが、それでも嬉しかった。自分が学んできたことが、実生活の中で役立っている、そのことに対する喜びは、とても言葉では伝えられないくらいだったと思います。

　当然、もっと複雑な中身のあることを相手と語り合いたいという欲求が出てきます。そこから、それまで高校を卒業したら専門学校にでも行こうと漠然と考えていたのが、この3週間を機にがらりと変わって、ぜひ大学に進学して本格的に英語

[職業系]
卒業生にインタビュー 4

を勉強したいと思うようになったんです。

　あたり前ですが、大学に進むには勉強に力をいれなければなりません。ですから、私が本気を出して勉強するようになったのは、高2の2学期から。国語を担当していらした佐藤吉之助先生などは、いまでも「廣江は高2の夏でガラッと変わった」とおっしゃっているくらいですから、いかに私が変わったかは分かっていただけるのではないでしょうか。もともと文教の先生は生徒のことをよく見てくださっていて、生徒のほんのちょっとした変化にも気づかれるのですが、あのときも、やっぱりそうだったんですね。

先生に恵まれた高校生活

　先生方について在学中にみんながよく言っていたことは、「私たちにはもったいない先生だよね」ということでした。いや、これは全然、お世辞なんかじゃなくて……(笑)。

　たとえば、卒業して私がだれかに自分の高校時代の話をすると、みなさん、「へえ、高校でそんなことまで教えてくれてたんだ」とか、「その先

生、スゴイね」などと言ってくださるんですね。実際、英語なども質の高いテキストを使っていて、私が大学の英文科に進んだあとでも、友だちから、「そんなレベルの高いテキストで勉強してたの？」とおどろかれたくらいでした。

　また、中１生であろうと高３生であろうと、授業はすべて英語でやるという先生もいらっしゃいましたね。それも、ネイティブの先生でもなんでもなくて、生まれも育ちも日本人の先生なんですよ。生意気な言い方かもしれないけれど、こんなことをやる先生がいらしたということも、文教にはいかに優れた先生が多いかということの表われではないでしょうか。後輩の皆さんも、安心して先生について行っていいと思います。

　そういう先生方に囲まれて過ごした文教での日々は、私にとって、何ものにも代えがたい貴重な体験の連続でした。なんにでもチャレンジできるという雰囲気でしたし、私も実際、ここではしゃべりきれないくらいさまざまなことに興味を持って、行動していましたね。文化祭や体育祭、合唱コンクール……文教には、そんな機会がたく

【職業系】
卒業生にインタビュー 4

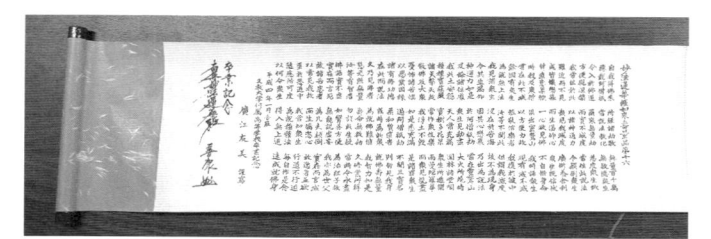

卒業記念に書き写した写経の巻物

さん用意されているんですね。

　後輩のみなさんも、そんな環境の中で、ぜひ高校時代にしかできないことを見つけてチャレンジしていってほしいと思っています。私もここで教師経験がありますから、みなさんが素直で、何ごとにも立ち向かっていく素養があることは知っています。たとえ失敗しても、高校時代の失敗なんて、かえって人生のプラスになるものばかりです。自分の興味のあることを見つけ、失敗を恐れず、縮こまることなく、思い切ってチャレンジしてみてください。文教では、それができる環境と、それを応援する先生方や友だちがいっぱい見つけられるはずですから。

【職業系】
卒業生にインタビュー 5

文教で養った
ガッツで人生を
乗り切っています

福島海乃さん
1998年卒。フェリス女子大学、日本体育大学大学院、ニューヨーク留学などを経て、現在、劇団四季東京営業部勤務。

【職業系】
卒業生にインタビュー 5

> バトン部で
> 培った根性

　私は中学から文教なのですが、そもそも文教に入学したきっかけは、自宅から電車１本で通学できたことと、あと何より、制服がとてもかわいかったことでした。当時は森英恵さんデザインの制服で、これを着て電車通学したり街を歩いている自分を想像しているうちに、ここにぜひ入りたいと思うようになったんですね。実際、女の子にとって、制服は自分という人間をかたちづくる上でいちばん大切なものですから、毎日、この制服を着て通学していたことが、６年間を楽しく過ごすことのできた大きな要因になっているのかもしれません。

　そんな私が入学してまず門を叩いたのは、バトン部でした。いわゆるチアリーディングのクラブですが、入学の前の年の学園祭で演技を見せていただいたときの印象が、とにかくスゴイのひと言だったんですね。すっかり圧倒されてしまって、入学す

るとすぐにオーディションを受けて入部させていただいたというわけでした。

　でも、そんなにスゴイ演技を見せてくれるクラブですから、練習がきびしいのはあたり前。いまの後輩たちからみれば、そんなでもないかもしれないけれど、当時の私たちにとっては、それこそ、きびしくてキツくて大変という感じでした。先輩後輩の関係もピリッとしていて、雑巾(ぞうきん)がけなども、１年のあいだは率先してやらされていたものです。まあ、これはいまも変わらないのかもしれませんが……社会に出てからの私もそれなりに根性があるつもりなのですが、これも、中学高校時代に文教で鍛(きた)えられた６年間の部活の時間があったからだと本気で思っています。

ソングリーディングを始めて

　そのバトン部がいまのようにソングリーディングをやるようになったのは、私が高校２年のときでした。ソングリーディングというのは、チアリーディングなどとはちがって、ダンスが中心になって演技を競うスポーツ。それまでのバトン部の活動とは勝手がちがいまし

【職業系】
卒業生にインタビュー 5

たから、最初はとまどいがあったことは確かです。

でも、みんな踊ることが大好きでしたから、そんなに気にならなかったですね。強豪校のビデオを観たりして研究していたのですが、一応は大会に出てみたものの、彼らの演技とは天と地の差で、私たちはまさに「お呼びでない」状態……（笑）。この「お呼びでない」状態は私が3年生になっても同じでしたから、いかにレベルが低かったかは、ご想像していただけるとおりです。

そんなわけですから、最近はソングリーディング部が世界大会にも出場するようになるなど、いつの間にか文教を代表するクラブのひとつに育っていることには、さすがに私も長年の夢がかなったと感激しまくっています。今年の1月には、代々木の体育館で開かれたダンスドリルウィンターカップ2014でも、みごとに後輩のみんなが優勝を果たしましたし、ほんとうに後輩のみんなの頑張りには敬意を表するばかりです。

最後の「女子だけの文化祭」をプロデュース

高校2年の秋、生徒会の会長選挙に立候補しました。中1のときから学級委員をさせていただいていましたし、みんなをまとめるのが得意だったんですね。ほんとうは副会長に立候補するつもりだったのですが、クラスのみんなから、「あなたは会長しかない」と言われて（笑）、それで変更したというわけです。

「学校をより発展させていきたい」と言って運動した結果、無事に当選。それから1年間、ほんとうに学校を盛り上げようと頑張ったものでした。

中でもよくおぼえているのが、文化祭。私が3年生になった1997年の秋でしたが、翌年には共学になることが決まっていたんですね。そこで、「ラスト・ガールズ・パラダイス」と銘打って、女子校として最後の文化祭を成功させようとしたのでした。

それこそ生徒会一同が一致団結して、準備中は夜の7時から9時ごろまで頑張る毎日。先生方も残ってアドバイスしてくださっていました。土曜日と日曜日の2日間が文化祭なのですが、土曜の

【職業系】
卒業生にインタビュー 5

　夜の中夜祭では、旧講堂で劇や歌のライブイベントで盛り上がったりして、まさに「燃えつきた感」いっぱいで大成功のうちに終わることができたと思っています。私の高校時代の数ある思い出の中のひとつですよね。

　そんなふうに、部活にも生徒会も一生けんめい取り組んだ日々でしたが、おかげで友だちもたくさんできました。もちろん、いまでも親しくしていて、私が営業であちこち飛び回っているとき、その近所に文教時代の友人が住んでいたりすると、電話かけて一緒にお茶したりなんかはしょっちゅうです……いや、別にサボっているわけじゃありませんよ（笑）。卒業して15年も経つのに、いまだに仕事の合間にそんな息抜きができる友だちがいるということも、文教の環境がいかに良かったかということの証拠ではないでしょうか。

興味のあることにとことんチャレンジしてほしい

　ほかに高校時代の思い出で挙げられるのは、3年生のときの合唱コンクールです。私が指揮(しき)したのですが、クラス全員で努力したこともあって、みごとに優勝。これには大感激して、これを機に大学は音楽関係に進もうと決心したくらいでした。

　さっそくそこからレッスンを始めてフェリスの声楽科に入ることになりましたが、いま劇団四季でミュージカル公演の営業をしているのも、それがきっかけになっていることはもちろんです。その意味で、文教で高校時代を過ごしたことが、いまの私の原点になっていることは言うまでもありません。

　私のいまの仕事は、さっきも言いましたが、劇団四季が公演するミュージカルのチケットを、主に学校法人に営業して買っていただくこと。分かりやすく言えば、後輩のみなさんが「芸術鑑賞」の時間に観るミュージカルを、先生方との値段の交渉などを通して販売するという仕事です。文教にも購入していただいていますが、後輩のみなさ

【職業系】
卒業生にインタビュー 5

3年生のときの合唱コンクール

んが眼をきらきら輝かせて舞台に見入っているのを見ると、ほんとうにこの仕事に就いてよかったと思いますね。

　私はとにかく文教という学校が好きで、放課後もずっと残っていたいと思っていたくらいでした。そんな私が先輩としてみなさんにアドバイスできることがあるとすれば、とにかく在学中は目の前にあることに一生けんめい取り組みなさい、ということですね。

　先生もすばらしい方ばかりですし、施設にも恵まれています。思いっきり部活もできるし勉強にも取り組める。それに学食も充実していますから、そこでクラスがちがう子とも交流できます。そんな環境の中で、興味のあることにとことん取り組んでいれば、そのうち自分の人間としての幅も広がって、やがては自分がほんとうに進みたい道も開けてくるのではないでしょうか。仕事で文教に

おじゃまする機会も多いですから、また後輩のみなさんの明るい笑顔を見ることを楽しみにしています。

【職業系】
卒業生にインタビュー 6

温かさに包まれた高校生活

阿野晃秀さん
2005年卒。北海道大学、京都大学大学院、京都学園大学研究助手を経て、現在、イギリス留学中。

温かさに包まれた高校生活

何かに焦（あせ）っていた高校時代

　いまになって思い返してみれば、私の高校時代の3年間は、いつも何かに「焦っている」ような落ち着かない感情にとらわれていた気がしています。
　具体的にそれがどんな「焦り」だったかというと、うまく言葉で表せないけれど、たとえば大学受験に対する不安とか、その時点ではそれほど差し迫っているわけではない、ばくぜんとした焦りの気持ちだったんですね。そのため、学校の中でも、普段はどこかハスに構えたような態度で過ごしていたかもしれません。そんなこともあって、せっかくの高校時代という楽しい人生の一時期を、ちょっとばかり「暗く」過ごしてしまったかな……と、いまでは少し反省しています（笑）。
　そんなことを言うと、高校時代がつらいものだったとカン違いされそうですが、もちろん、そんなことはまったくありませんでした。また、文教が「暗い」学校などでもないことは、実際に学校に足を運んでいただければすぐにお分かりだと思います。それどころか、みんな明るくて生き生

【職業系】
卒業生にインタビュー ６

大学時代に旅行で訪れた流氷を背にして

きしてますよね。いま焦りの気持ちを抱いて過ごしていたと言いましたが、高校時代を全体的に振り返ってみれば、やっぱり「楽しかった」という気持ちのほうがずっと強かったことは言うまでもありません。

　例をあげれば、文教には、文化祭や体育祭、合唱コンクールなど、生徒がみんなで参加するイベントも多いのですが、そのたびに私もクラスメートたちと一緒になって大いにハジケた思い出があります。私は先頭に立ってみんなを引っ張るというタイプじゃなかったけれど、クラスのみんなの盛り上がりに乗っかって、自分も楽しんじゃうんですね。まさに学校をあげて熱気に包まれるという感じですから、中学生のみなさんも、できれば文化祭などに来てみて、一度、文教の楽しさに触れてみてください。きっと文教の良さが実感として理解できると思いますから。

イベントの思い出

　文教は、以前は女子校だったということですが、私たちのときは、どういうわけかクラスの男女比は２対１くらいでした。つまり、男子のほうが多かったんですね。いまもそうなのかは知らないけれど、数の上では女子のほうが圧倒的に少なかったことをおぼえています。

　それなら、クラスの運営も男子が中心だったのだろう……そう想像されるかもしれませんが、実はその逆（笑）。活発な女子たちに、いつも私たち男子はリードされているという感じでした。先ほど申し上げたイベントでも、たとえば文化祭などにクラスで参加する場合、出し物を何にするかという議題が出てくるんですね。そんなときも、劇をやろうとかミュージカルをやろうなどの提案をするのも、その劇やミュージカルの演目を決めるのも、たいていは女子が中心です。男子はそれを追認するだけでしたから、まあ、楽といえば楽だったのかな。

　そんな文化祭の思い出でいまも強く印象に残っているのが、２年生のときにやったミュージカル

【職業系】
卒業生にインタビュー 6

のピーターパン。もちろん、女子の提案で、私の役は、悪役のフック船長でした。夏休みのはじめのころからポツポツと練習を始めて、9月になったら、ほとんど毎日のように放課後はその練習です。おかげで私たちのクラスが賞をいただくことになったのですが、いまでも高校時代の楽しい思い出として心に残っています。

　また、これはイベントとはちがうかもしれないけれど、修学旅行で長崎に行ったときのことも、私の心に深い印象を残しています。被爆者(ひばくしゃ)の方のお話を聞いているうちに、私の中に変化が起きて、私がみんなの代表で追悼(ついとう)記念館の前で読み上げるはずだった原稿を、自分で少し書き変えたんですね。それは先生も前もって了承してくださっていた原稿だったんですが、それなのに書き変えようと思ったのは、やはり、自分なりに何か考えるものがあったからだと思っています。

好きな環境で仕事ができる愛用のパソコン

でも、だからと

言って先生に叱られるということはありませんでした。そんな思い切ったことをやったのも、いま思えば、文教の自由な雰囲気のせいだったかもしれません。

先生や友人とも貴重な時を過ごしました

その長崎への修学旅行で一緒の班になったのが、いまも付き合いのある4人の男子です。ほんとうは男女混合で班をつくることになっていたのに、女子が少なくて、仕方なく男子だけのグループになったというわけでした。そのころは、ちょうど2年生になったばかりでクラス替えの直後でしたから、みんな、どことなく他人行儀なんですね。それが、この修学旅行をきっかけに仲良くなって、いまも付き合いがつづくことになったのでした。彼ら4人と、高2の冬に青春18キップを買って大阪旅行をしたことも、ほんとうに懐かしい思い出ですね。

また、先生もユニークで生徒思いの方々ばかりだった思い出があります。たとえば、体育の福島勇先生などは、授業中に苗字ではなく、名前のほうで生徒を呼ばれるんです。でも、馴れ馴れしい

【職業系】
卒業生にインタビュー ⑥

感じじゃ全然なくて、むしろ親しみを感じたものでした。先生もそれで妙に生徒の内面に踏み込むなんてこともされませんでしたね。

　そんなふうに、先生も温かくて、しかも情熱のある方々。改めて、授業で「勉め」を「強いる」という意味での勉強じゃなく、「教え育む」という意味の「教育」をしていらしたんだな……そんな思いを持つくらい、熱心に心を込めて指導されてたと思います。

負の感情も大切にしてください

　大学受験のことは、高1のときからずっと意識していました。自分なりに受験勉強に励んだり、自主的に予備校の模擬試験なども受けていて、それで「焦り」の気持ちがいつもあったということは、最初に申し上げた通りです。

　でも、そんなマイナスの感情というのも、人間が生きていく上では必要なことだと思うんですね。とくに高校生のころは、人生でもいちばん感受性の鋭い時期ですから、社会に対する不満とか自分自身に対する怒りとか、いろんなマイナスの感情を抱くはずです。それを無理やり自分の中で納得

させたり忘れたりするのでなく、自分の胸の奥に、そっとしまい込んでおくこと——ちょっと分かりにくいかもしれませんが、マイナスの感情から逃げずに、いつかは解決できると信じて心に秘めておく、それが自分の可能性を開いてくれるきっかけになりうるんですね。

　そうした「イヤだな」というマイナスの思いが、ある日、「こうなったらいいな」というプラスの思いに変化するとき、自分が人生をかけて熱中できること、自分の「夢」につながっていくかもしれません。私はいま、都市の自然環境に関する研究に携わっていますが、これも、かつて北海道で生物学を学んでいた私が、京大の森本幸裕先生が提唱された「生物親和都市」というコンセプトに触れて、それに共感をおぼえたからなんですね。

　このことが、私が高校時代にもっていたマイナス感情とどうつながるかは、いまの私にはうまく説明できません。しかし、もし私が何もかも満ち足りた青春時代を送っていたとすれば、はたしていまの私があったかどうか、それもまた分からないでしょう。

【職業系】
卒業生にインタビュー 6

大学院・修士研究での発表風景

　そう思えば、高校時代にいろんなことに悩んだとしても、それもまた、かけがえのない青春のひとつの姿です。そんなことを心の隅にでも置きながら、後輩の皆さんには、たとえ悩みながらでも、貴重な高校時代の3年間を過ごしてほしいと思っています。

【クラブ活動系】
卒業生にインタビュー 7

文教の
昔と今を思う

- **杉田知佳子**さん
- 1978年卒。本校同窓会会長。
- 2003年より茶道部顧問。

【クラブ活動系】
卒業生にインタビュー 7

15歳で出逢った友と今も親しく

　卒業以来ずっとご無沙汰していた母校に足を運んだのは、2000年か2001年ごろ、私が茶道部の顧問として呼んでいただく2〜3年前だったでしょうか。たまたま、ここの幼稚園の先生をしている同級生に誘われて、学園祭で、卒業生だけで露店を開いているのをお手伝いするようになったことがきっかけでした。

　ほぼ四半世紀ぶりに訪れた母校でしたが、そのころはまだ改築工事の前で校舎も昔のままでしたし、茶道部で活動していた和式礼法室も、私たちがお稽古していたときとまったく変わらずに残っていたのには、さすがに懐かしさが込み上げてきたものでした。

　ただ、現在は校舎も全面的に改築が進んで、その和式礼法室もすっかり新しくなっています。昔のちょっと古い雰囲気がなくなったのは少し残念な気もしますが、でも、新しい部屋に生まれ変わったと

しても、感じるイメージは当時のまま。卒業して36年経って、ここで茶道部の顧問として後輩の生徒さんたちにお茶をお教えしているということには、なにか不思議な運命を感じています。

　昔の友人に誘われて文教を再訪したことは申しましたが、そのときの学園祭のお手伝いは、それから２年くらいはつづけました。それが縁で、茶道部に呼んでいただいたのかもしれませんね。そう思えば、昔の友人が、今の文教と私を結びつけてくれたと言えるのでしょうか。

　文教時代の同級生は、たいてい、この近辺に住んでいます。15歳で出逢って以来、今でも親しくて、電話で話したりはしょっちゅうですし、１年に１回は何人かが集まって一緒に旅行を楽しんでいます。ただ、みんな主婦で忙しいので、せいぜい下田の海に１泊する程度なのですが、こうした昔の気の置けないクラスメートとずっと仲良くしているということも、文教の温かい校風の中で青春時代を過ごしたという共通の体験があるからなんでしょうね。

【クラブ活動系】
卒業生にインタビュー 7

> 当時から温かい雰囲気でした

　もう40年も前の話になりますが、私が文教に入学したのは、自宅がこのあたりだったということと、親や先生に勧められたから、という2つの単純な理由からでした。ほんとうのことを言うと、実は高校生になったらセーラー服が着てみたいと思っていたのに、当時から文教の制服は今と同じでブレザー。これには、ちょっとガッカリしたかもしれないですね（笑）。

　でも、入学してよかったと第一に思うのは、同級生がみんなやさしくて、思いやりのある人たちばかりだったということ。もともと私は引っ込み思案で、中学生のときは、いつも通知表に「積極的に友だちと交流しなさい」と書かれていたくらいでした。ですから、入学してしばらくは、いったい友だちができるだろうかという不安がずっとつきまとっていたものでした。

　でも、それがまったくの杞憂でしかなかったことは、いまだに親しく付き合っている同級生が何人もいるという事実からも分かっていただけると思います。そんな温かい雰囲気は、昔も今も、

ちっとも変っていない気がしますね。だらけているわけじゃなくて、どことなくやさしくて、ほっと安心するような空気があるんです。ですから、中学校で「消極的」と言われている人でも、安心して入学してください。友だちがいっぱいできる環境であることも、文教のいいところのひとつだと思っています。

　茶道部に入ったのは、ほんとうのことを言えば、学校内で大っぴらにお菓子(かし)が食べられるという理由からでした（笑）。どうやら、これは今の生徒さんも同じようで、お菓子が楽しみで部活をつづけているという子も少なくありません。まあ、それでもかまいませんので、お点前(てまえ)をしっかり学んで、文教の卒業生として恥ずかしくない礼儀作法を身につけていただければ、それで茶道部の意義は充分にあると思っています。

今の高校生に思うこと

　私は茶道部の生徒さん以外はあまり知らないのでぜったいに正しいとは言いませんが、最近の高校生を見ていると、私たちのころとはずいぶん違ってるな、と思うところも

【クラブ活動系】
卒業生にインタビュー 7

白蓉祭にて

ありますね。よく言えば、おっとりしているということになるのでしょうが、ちょっと子どもっぽいかな、と感じることもしばしばです。やっぱり、昔のほうが、生徒は大人びていたのかな……。

　たとえば、私たちのころは、週に1回、「礼法」という授業があったんですね。時代の流れの中でそれもなくなったのでしょうが、茶道部でも、1年生で入ってくる子を見ていると、ちょっとマナー意識——というより常識的な感覚が薄れているかもしれないと感じることもないわけではありません。なんでも昔が良かったというのは、年配の人間の悪い癖かもしれませんが、それでも、部屋に上がるときは靴をそろえるとか、そういう基

本的なマナーは、私たちのほうが自然に身についていたような気がします。

　それに、子どもの数が少ないということもあるのかもしれませんが、ご家庭でも子どもを大切にし過ぎるのではないかと思うこともありますね。極端な例ですが、雑巾の絞り方も知らない子がいることもあります。たぶん、おうちでは、お母さまが何でもやってくださっているからなのでしょうが、そういう子を見ていると、大げさかもしれないけれど、地震でも起きて極限状態で生きなければならなくなったら、どうするつもりだろう……と。その意味でも、高校では、勉強はもちろんですが、マナーも含めた人間としての生き方もしっかり学んでほしいと思いますね。

同窓会の会長として

　現在、私は同窓会の会長も務めさせていただいています。総会は２年に１回の割合で開くことになっているのですが、昨年は、講堂が改修中ということでディズニーランドのホテルで開催。多くの卒業生に集まっていただいて大好評でした。学校内もいいけれど、これか

【クラブ活動系】
卒業生にインタビュー 7

らもこうした場所を借りて開催することを考えています。

　同窓会長として思うことは、せっかくこうした組織があるのだから、卒業生には大いにこれを活用してほしいということです。たとえば、何か人生でつまづくことがあっても、クラスごとの同窓会とちがって、学校の同窓会には、「縦のつながり」があるんですね。ですから、相談いただければ、あるいは応援できることもあるかもしれません。そのうち、幼稚園から大学までの一貫した同窓会を立ち上げて、「文教ファミリー」とでも言える組織ができれば……そう思って、今、渡辺理事長とも話し合っているところです。

　それに、今は先生方も大学受験などいろいろな方面に力を注いでいらっしゃいます。私たちも、卒業生として、これからの文教に期待していますので、ぜひ後輩のみなさんには、先生方の期待に

応える意味でも、がんばっていただきたいですね。
　若いうちは自分のやるべきことに夢中で、学校のことなんか振り返るゆとりもないかもしれませんが、でも、ある時期になると、ふと学生時代が懐かしくなるときがやってきます。そんなとき、同窓会が受け皿になって、卒業生のみなさんに何かのかたちで支えになることができたらという思いで、同窓会も活動をつづけております。

文教大学付属高校の教育

学習指導と進路指導

1. 学習指導

生徒一人ひとりの希望を実現する指導

努力を実らせるために

　希望する将来への道を開くためには、生徒各自はどのように日々の勉学に向かわなければならないか――それに応えることが、本校の学習指導の大きな目標です。

　希望する道を歩むためには、当然ながら、それを学問として専門的に学ぶ大学に入学しなければなりません。したがって、生徒が大学受験に合格できる学力を身につけるための具体的な対策が、学習指導の中心になってきます。

　そのために、まず自分の学力が全国レベルでどこに位置するかを把握することを目的に、年5回の模擬試験を受験。これによって、生徒はみずからの成績の定点観測が可能になっています。また、各学期中には「文教ステーション」（通称「Bステ」）を、長期休暇中には各科の講習を開講するなど、普段の授業以外にもさまざまな勉学の機会を設けて、大学受験に対応できる実戦的な学力養成を図っています。

文教ステーション

　文教ステーション（Ｂステ）とは、毎日の放課後に設置される自習のための教室のこと。大学受験に精通した専用スタッフが常駐（じょうちゅう）しており、１年生は全員、２年生と３年生は希望者が、ここで学ぶことができます。

　学ぶ内容は、日々の課題や朝テスト対策から、オリジナルの５教科復習教材、Ｂステ専用の教材、さらには、英検や漢検対策の講座など。自習が基本ですから、各自が自分の学力の現状に合わせてスタッフと相談しつつ、基礎力向上はもとより、大学受験に即応した問題に取り組むことができるように配慮されています。また、定期的に主要科目の確認テストを行ったり、模試の解説などの特別講座や、あるいは希望者には個別指導を行うなどの対策も行っています。

　本校では生徒に１日２時間以上の家庭学習を義務づけていますが、Ｂステには夜８時まで残ることができますので、クラブ活動に忙しいという生徒でも、放課後の部活が終わったあと、ここで勉強する時間を取ることができます。

指導力の向上をめざして

　学期中の授業はもちろん、大学受験に実戦的に対応するためのさまざまな講習などにおいても、本校では教科ごとにシラバスを作成して、生徒が計画性をもって勉学できるよう配慮しています。シラバスがあることによって、たとえば学期の途中でやむを得ず先生が交代しなければならないときなども、生徒はそのまま前の先生の授業を引き継ぐかたちで勉強を進めることができます。また、参考書などを使って授業の理解を深めようとする際にも、生徒はどの項目を参考に勉強すればいいか容易に知ることができます。

　2014年の新校舎の完成によって本校にもICTが導入

講習のシラバスの一部

されましたが、これを積極的に利用した授業を行うことで生徒の理解を深め、学力の向上に結びつけることが可能になりました。現在、その活用法をめぐって、さまざまな試みが行われています。

　ほかにも、先生方が互いに授業を見学し合う公開授業のシステムや、生徒が先生の授業を評価する授業評価アンケートを取って生徒の声に応えるなどの対応も行っています。

　こうした取り組みの結果、本校の進学実績は確実に向上していますし、生徒の意欲もずいぶん高まってきています。もちろん、大学進学にばかり目を向けるのは高校教育の観点から見て不適切ですが、生徒の適性を見きわめ、それに合った学習指導を行うことが、生徒のこれからの人生に大きく関わることであることはまちがいありません。そのことを踏まえて、文教で学んでよかったと卒業生が心から思うような指導をこれからも行っていきたいと考えています。

2. 進路指導

1年次より自分の将来を見据える指導

アカデミック・デザイン・チャート

　「アカデミック・デザイン・チャート」とは、生徒一人ひとりが自分の「やりたいこと」を発見し、それに沿った将来像を持って現実のものとしていくためには、いま何をしなければならないか、また、実際に何をしたか、などを自分で記録していくレポートです。1年次から何度もくり返して書くことで、自分の長所や欠点を把握して、これから取るべき対策は何かといったさまざまな問題点を自覚していきます。

　進学する大学や学部、学科などを選択する際の大切な自己反省の資料にもなるものですが、1年次からすべての項目を書く必要はなく、自分の成長や関心の幅の広がりに合わせて、少しずつ将来像を具体化していくことも可能です。しかし、漠然とではあっても1年次から志望の方向が定まっている生徒は、実際の進学においても良い結果を出しています。少しでも早い時期から常に自分の将来を考え、そのために現時点で何をするべきかを意

識すること——そのことが、いずれ大学を卒業して社会に出たあとも、自分の満足する道を歩んでいくことにつながると考えています。

進路に応じた早めの選択

　少しでも早く自分の適性に気づき、それに応じた進路を実現するために、本校では、すでに2年次から希望に合わせた選択科目を決定するよう指導しています。

　1年次の終わりには、2年次に設定されている「文科」または「理科」のどちらのクラスに進むかを選択。さらに、2年次のうちに、志望校・志望学部・志望学科等を選び、同時に、その大学を受験するために必要な科目を、3年次における選択科目として決定します。3年次からは、大学受験に即応した演習などの授業を徹底的に行って、希望する大学への合格をめざします。

　また、生徒一人ひとりに、1年次からの成績等を記録した「生徒カルテ」を作成。ここに記された1回ごとの定期試験や模擬テストの成績、志望大学の過去問の分析、先輩から聞いた話の感想文、将来の自分について書いた作文などを通して、確実に希望を実現するための対策を取る資料にしています。

オープンキャンパスへの参加など、さまざまなプログラム

　本校では、1年次から、各大学が夏休み中に開催しているオープンキャンパスに参加することを義務づけています。

　これは、1年次に国公立大1校と私立大2校を自分で選び、公開授業の受講はもちろん、学生の様子を見たり学食で食事してみるなど、キャンパス内の雰囲気を味わうことで大学の実際を体感してみるプログラム。その後、宿題として、その大学についての詳細なキャンパスレポートを提出します。場合によっては失望感をおぼえる

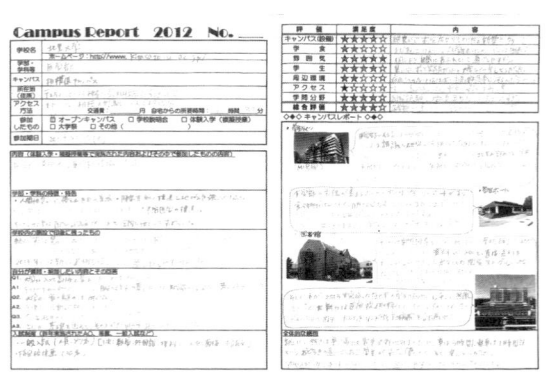

キャンパスレポート一例

こともあるようですが、大学入試へのモチベーションのきっかけを得るという点でも、生徒にとって意義ある体験となっています。

また、2年次には、看護などさまざまなボランティア活動を実際に体験。AO入試などを見据えて設置されたものですが、これも生徒にとっては、自分の将来像をしっかり把握するための貴重なプログラムになっています。

このほかにも、4月には、その春の入試で大学に合格した卒業生を招いて「受験体験交流会」を開くなど、大学進学へ向けたさまざまなプログラムを用意して、生徒が受験への意識を高めるための配慮を行っています。

自分自身を知ることが大切

本校の大学進学状況は、推薦での進学が約4割、一般入試での進学が約6割という内訳になっています。

多くの大学から指定校推薦の枠をいただいているため、推薦での進学を考える生徒が多いのは事実です。しかし、推薦入学したあとでも、その大学の授業に充分に対応できるだけの学力を身につけておかなければならないことは言うまでもありません。

そこで本校では、推薦と一般のどちらにも対応できる学力を養い、大学進学後も授業をしっかり理解して自分の希望する道に進んでいくためにはどうすればいいかを念頭に置いた指導を行っています。それには、まずは生徒が自分を客観的に認識することが必要になりますから、生徒カルテや生活記録ノートなどを参照しながら、生徒各自が全国レベルで自分の位置がどのあたりなのかを知り、それをもとに志望校を決定し、勉強に励む動機づけを得られるよう心掛けています。

主要5教科の教育

1. 英語

受験を超えた英語力を養う

　生活やビジネス、あるいは学界などの現場で使える英語の基礎力を養成することが、本校の英語教育の目標です。

　もちろん、現実問題として大学受験のための英語力は大切ですが、受験で終わるのではなく、大学入学後も、さらには実社会に出たあとにも「使える」高度な英語を身につけることを基本に置いた授業を行っています。その結果として、いつの間にか受験にも対応できる力がつ

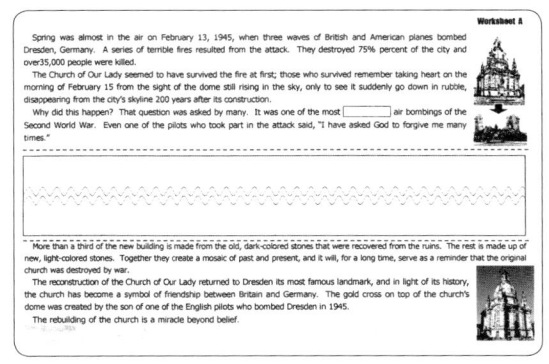

授業用のワークシート一例

くことが理想と考えていますが、実際、こうした使える英語力を身につけた生徒は模擬試験の成績も優秀で、難関大学に合格していることは言うまでもありません。先生によって教材の進行方法にちがいはありますが、目標地点は同じに設定していますから、生徒はそれぞれの授業にしたがって実力を伸ばしていくことになります。

　定期テストでは、授業でやった教材に関連した内容の英文を出題しますが、生徒にとっては初見の文章ですので、まさに大学受験と同様の緊張感を体験することになります。テストの結果は必ずワークシートに記録され、それを今後の学習に役立てることも行っています。

2. 数学

「興味をもつこと」から論理的思考へ

　数学は、生徒によって得意科目か苦手科目かのどちらかにはっきり分かれる科目です。そこで本校では、好きで得意な生徒の能力を最大限に伸ばすことはもちろん、苦手科目と感じている生徒にも、具体的な事例を挙げ、できるだけ興味を持たせて分からせることをポイントに

置いた授業を行うよう配慮しています。

　たとえば、集合や場合分けなどは、一部の生徒にとってはなかなか入っていけない概念ですが、クラスを「運動部に入っている生徒」と「文化部に入っている生徒」、それに「両方に入っている生徒」と分けて考えることで、数学的思考への導入とすることができます。

　数学は論理的な思考力を養う学問と言われますが、数学を通して論理性を身につけた社会人として活躍できる人材の養成が、本校数学科の目標のひとつです。また、宿題を多く出して、少しでも数学的な思考に慣れる訓練をさせることも心がけています。

　２年次からは、放課後に得意な生徒と苦手な生徒を問わず、ともに数学力を高めることを目的とした「学習会」を開講。得意な生徒はトップレベルの参考書などで実力を養い、苦手な生徒は授業の内容を復習したり、分からないところを改めて確認するなどの基礎力を養成する機会を設けています。３年次には、大学受験を念頭に置いた演習の時間を多く設け、センター対策はもとより、難関大学合格をめざしたハイレベルな問題の解法に取り組みます。

3. 国語

国語理解と受験の両方を見据えた授業

　国語科では、大学受験に必要な読解力・記述力を養成することはもちろん、受験対策にとどまらない、相手を理解し、自分の考えをしっかり表現できる真の国語力を身につけることを目標にした教育を行っています。

　国語は大きく分けて現代文と古典に分かれますが、現代文においては、課題文の読解とともに、その内容に関連したさまざまな教材に触れることで生徒の興味を喚起させ、ただ文章の世界での出来事でない、自分の生き方に直結した問題であることを理解します。また、論説文

2007年入試問題分析表・古文の一部

で難しいテーマの文章が出てきたときなど、同じカテゴリーの問題を入試過去問題から選んで解いてみるなど、それが受験でどのような問われ方をしているかを見ていきます。

　古典はさらに古文と漢文に分かれて授業を行うことになりますが、古典単語の意味や文法、漢文の句形等の暗記を通して出題文を読み取る力を養いつつ、日本人としてのアイデンティティをさぐり、広い意味での世界観・歴史観を養う授業を行います。

　また、受験対策の一環として、主だった大学の過去問題を分析し、合格点に達するためには自分がどのレベルの知識を身につけていなければならないかをあらわした表を作成。生徒に必要な「到達点のめやす」が分かりやすく理解できる配慮も行っていることが特徴です。

4. 理科

演習時間を充分に取って大学受験に対応

　2013年度より新カリキュラムが導入されたことによって、本校でも理科の授業時間が大幅に増えることに

なりました。1年次には週6時間、2年次には必修科目である化学と、選択の物理または生物とで週に計4時間、大学受験に直結する3年次には、演習として週4時間の授業時間を設定。センター試験において、本校の平均点が全国平均を上回ることを当面の目標に、授業を展開していきます。

　本校では、ほぼ全員にセンター試験の受験を義務づけていますが、すでに推薦で進学が決定している生徒も少なくないなど、必ずしも平均点アップにつながる要素が多いわけではありません。しかし、高校で大学入学後にも役立つ基礎力を身につけるためにも、文系・理系を問わず、理科を選択する生徒には、入試対策としての演習

講習用のプリントの一部

時間を充分に取って受験に対応しています。

　本年からは、新たに導入されたICTの設備を積極的に利用して、映像に触れることで理科に興味を持ち、そこから理解を深めていくことも可能になりました。授業で学んだことを基本に、それがそのまま受験につながる授業を行っていきます。

5. 社会

小テストで確実に知識を積み上げていく

　社会科でまず気をつけているのが、授業の規律をしっかり保つこと。教材の忘れ物をなくすことや、授業開始と同時に全員が着席していること、集中して授業を受けることなど、さまざまな面で生徒が真剣に社会科を学ぶ姿勢を身につけるよう指導を行っています。

　社会科はどの科目も暗記が基本になりますから、授業でこまめに小テストを実施していることも、特徴のひとつです。一定の点が取れなかった生徒には、合格点に達するまで何度もテストをして、全員が確実に重要事項を覚えられるよう配慮しています。これによって、定期試

験はもちろん、各種模擬試験、さらにはセンター試験や実際の大学入試問題にも対応できる実力が養われていることは言うまでもありません。

　また、教科書等に出てくる難しい用語をできるだけやさしい言葉で説明することも心がけています。これによって地理や歴史が理解しやすくなり、学習効率を高めることができるようになります。また、本年度からはICTを利用して、資料や地図などをビジュアル的に見せることで、より深い理解が可能になる工夫も行っています。さらに2014年度からは、星野校長の招きにより、日本史の川合敦先生の授業が始まることも決定しました。

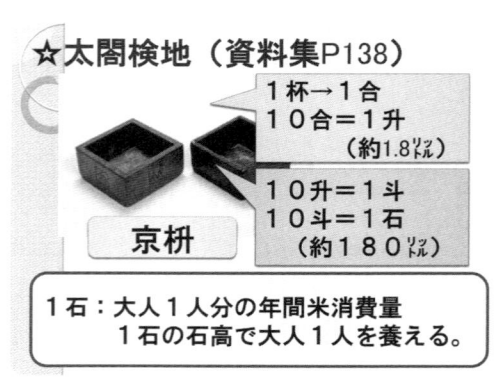

日本史授業のパワーポイント一例

\もりもり/
元気の出る高校案内 ⑤

文教大学付属高等学校
新化・進化する学校

....

平成26年5月20日　初版発行

編　者　「もりもり元気の出る高校案内」実行委員会

発行者　株式会社真珠書院
　　　　代表者　三樹　敏

印刷者　精文堂印刷株式会社
　　　　代表者　西村文孝

製本者　精文堂印刷株式会社
　　　　代表者　西村文孝

発行所　株式会社真珠書院
　　　　〒169-0072　東京都新宿区大久保1-1-7
　　　　TEL 03-5292-6521　FAX 03-5292-6182
　　　　振替口座 00180-4-93208

....

©Morimorigenkinoderukoukouannai Jikkouiinkai 2014
ISBN978-4-88009-283-6
Printed in Japan

カバー・表紙・扉デザイン　矢後雅代